BIOGRAPHIE

DE

GUILLAUME LACOSTE,

ancien Proviseur du Collége royal de Cahors,

lue à la séance du 16 novembre 1874 de la Société des Etudes du Lot,

par M. MALINOWSKI, professeur au Lycée. (1)

Suum cuique

Le nom de Lacoste qui a été illustré plusieurs fois dans l'histoire du Quercy : au XVe siècle, par *Jacques Lacoste*, chanoine de la Cathédrale et professeur de droit canon à l'Université de Cahors, et au XVIIe siècle par un autre Lacoste, (Jean), plus connu des lettrés sous le nom latinisé de *Joannes Acosta*, également professeur de droit dans la même université ; ce nom, dis-je, acquit un regain de célébrité au XIXe siècle, presque de nos jours, dans la personne de Guillaume Lacoste, proviseur du collége royal de Cahors de 1818 à 1828, et auteur d'un ouvrage considérable sur l'histoire du Quercy, l'un des plus précieux manuscrits de notre bibliothèque publique.

Guillaume Lacoste naquit à Gramat le 15 mars 1755 de parents peu aisés, mais très estimés dans le pays par leurs vertus patriarcales. Lacoste père, honnête artisan, trouva dans les personnes considérables de la ville le concours le plus bienveillant pour faire élever ses trois enfants. — Destiné par les vœux de sa famille aux ordres religieux, le jeune Guillaume en fut vioemment détourné par les événements de la Révolution française.

Nous avons recherché avec soin quelques traces des premières années de sa jeunesse, mais nous n'avons pu rien apprendre de précis, même de personnes qui l'ont le mieux connu de son vivant. — Si nos sentiments ne nous trompent, votre compatriote a dû être dans sa jeunesse novice, ou peut-être même déjà profés, chez les Chartreux de Cahors, ou bien dans quelque congrégation de Bénédictins. — C'est dans un de ces asiles qu'il aura appris si bien le latin, qu'il connaissait même mieux que le français. C'est là qu'il aura contracté cette habitude des travaux solitaires et ce goût des recherches historiques qui ne l'ont jamais quitté ; c'est à ces sources précieuses peut-être qu'il aura puisé la plupart des matériaux qui lui ont servi plus tard pour rédiger son immense manuscrit historique dont nous avons déjà parlé et dont nous tâcherons de donner plus bas une analyse rapide. Des documents authentiques constatent l'existence à la Chartreuse de Cahors d'une bibliothèque riche surtout en manuscrits sur l'histoire locale, et d'un cabinet numismatique, rival de ceux de M. Derôme, de M. Baudus, de M. Biard et de l'abbé de Fouillac.

Quoi qu'il en soit, nous trouvons Lacoste au commencement de ce siècle, c'est-à-dire vers la fin du Directoire et dans les premières années du Consulat, âgé alors de 45 ans, à la tête d'une importante maison d'éducation. Il avait associé à son entreprise un professeur bien connu de l'ancien collège de Cahors, l'abbé Bessières, et le vénérable Guillaume Delluc, qui fut plus tard et mourut principal du collège communal de Martel. L'école libre de ces messieurs était établie dans la rue Valentré, très étroite alors, dans la maison où sont actuellement les écoles des frères, et où, sous l'ancien régime, était un des hôpitaux de la ville de Cahors, connu sous le nom de l'*hospice de Saint-Projet*.

A cette époque déjà Guillaume Lacoste, au lieu de se laisser absorber complétement par son enseignement et par l'administration de son pensionnat, s'occupait activement de recherches historiques, puisque nous trouvons sous la date de 1806 des traces de sa correspondance avec un autre savant Quercynois, M. Champollion-Figeac, le frère aîné de celui qui est devenu plus tard une des plus grandes illustrations du monde savant.

Champollion, qui à cette époque était secrétaire de la Société des sciences et des arts à Grenoble, trouva dans la bibliothèque de cette ville un précieux manuscrit concernant l'histoire du Quercy. C'étaient les annales et les mémoires de sire Guyton de Malleville, seigneur de Cazals, qui vivait vers la fin du XVIe et au commencement du XVIIe siècle. Ce document précieux se trouvait peut-être dans la bibliothèque de la Chartreuse de Cahors, et il est probable qu'en 1793, il fut sauvé de la destruction, lors du pillage des monastères, par quelque chartreux. Ce religieux, natif du Dauphiné, porta ce manuscrit dans son pays natal, en se retirant au sein de sa famille après la suppression totale des ordres religieux en France. A sa mort, ce document fut acquis par la bibliothèque de Grenoble, ou donné à cet établissement par le détenteur lui-même.

Quoi qu'il en soit, Champollion-Figeac, non content d'annoncer cette précieuse trouvaille à Guillaume Lacoste, fit faire immédiatement une copie soignée de ce manuscrit, et l'envoya à Cahors. Nous aimons à voir dans cette attention patriotique une preuve évidente de l'amitié qui unissait le savant archéologue et le modeste maître de pension de la maison de St-Projet, et aussi de la confiance que Champollion-Figeac avait dans le savoir et dans le bon usage que Lacoste ferait de cet intéressant document historique. (1)

Deux ans plus tard, c'est-à-dire en 1808, notre laborieux érudit, risque sa première publication : il fait paraître à l'*Imprimerie Richard* une brochure de 12 pages, sous ce titre : *Essai historique sur la ville de Cahors, dédié à M. Lagarde, maire de cette ville.* C'est un

---

(1) La copie paraît, généralement parlant, assez exacte ; mais malheureusement le copiste ne savait pas dessiner, et il n'a pas pu reproduire les précieux dessins qui se trouvent dans l'original, représentant les armoiries des villes et des familles nobles du Quercy, ainsi que les principaux types des monnaies épiscopales et consulaires de Cahors.

résumé fidèle et consciencieux de l'histoire de votre ville depuis les temps les plus anciens, jusqu'à la fin du XVIIIe siècle. L'auteur y fait le tableau rapide de l'ancienne splendeur de votre cité ; il y mentionne brièvement tous les hommes illustres qu'elle a produits. Une bonne partie de ce travail est consacrée à l'ancienne Université fondée par Jean XXII en 1331. L'auteur déplore éloquemment la suppression de cet intéressant établissement au XVIII siècle.

M. Emile Dufour, à qui l'histoire de votre pays est redevable de si curieuses recherches, a fait reproduire ce travail de Lacoste dans l'Annuaire du Lot, de 1867.

« On y trouve, dit-il, à côté d'indications sommaires, à la vérité, mais en général justes et exactes, puisées
» aux meilleures sources, des phrases de circonstance
» ou des éloges outrés de Napoléon 1er et de son
» gouvernement. Hors-d'œuvre compromettant, dont
» le souvenir dut souvent tourmenter l'auteur, devenu
» plus tard l'un des fonctionnaires les plus dévoués
» du régime restauré en 1815. »

La Restauration ne garda pas rancune au panégyriste de Napoléon. Elle trouvait du reste son compte dans sa conduite conciliante. L'institution libre de M. Lacoste, investie depuis longues années de la confiance des familles, faisait à son voisin le collége royal une concurrence fâcheuse. Des offres de fusion furent faites au chef de l'établissement rival, qui, préférant un avenir stable aux incertitudes d'une entreprise personnelle, y prêta une oreille complaisante. En 1816, M. Delluc reçut en dédommagement la principalité du collége de Martel, et M. Lacoste le censorat du collége royal. Il passa alors triomphalement la rue Valentré avec tous ses pensionnaires, et cette heureuse combinaison éleva tout à coup le collége royal à un haut degré de prospérité.

M. Lacoste exerça les fonctions de Censeur pendant trois ans. Cependant il ne se laissa pas absorber complètement par les pensums, les arrêts, les les retenues, sorties et autres détails de service jusqu'au point d'oublier ses chères études. Déjà, en 1816, l'année même de sa nomination au censorat, en lisant assidûment le manuscrit de l'abbé Raymond de Fouillac, Guillaume Lacoste y trouva mentionnée une pierre antique, portant l'inscription *Lucterius Lucterii*, qui se trouvait alors à l'église du village de Pern. Notre érudit censeur signala sans retard ce monument à M. Lezay de Marnésia, préfet du Lot, et il obtint de cet administrateur éclairé les ordres et les fonds nécessaires pour la translation de cette pierre de Pern à Cahors. Quelque temps plus tard, sur de nouvelles sollicitations de Lacoste, un autre préfet, M. le comte de Chamisso fit installer cette pierre remarquable dans le grand vestibule qui précède la salle des séances du conseil général, d'où elle fut, nous ne savons ni quand ni pourquoi, transportée et indignement reléguée dans un passage qui conduit de la cour d'honneur aux écuries de la préfecture ! Elle y reste oubliée, en attendant le moment de l'installation définitive du musée de Cahors, où elle devra occuper la place d'honneur, car elle rappellera à la fois les souvenirs de l'héroïque Luctérius et ceux de vos laborieux historiographes, l'abbé Antoine Raymond de Fouillac et Guillaume Lacoste.

Tous ses anciens élèves, dont un grand nombre sont encore vivants, ont conservé de lui le plus vif et le plus affectueux souvenir, car il savait maintenir dans son établissement une discipline paternelle, également éloignée des deux extrêmes, d'une trop grande sévérité et d'une bonté voisine de la faiblesse.

Sans être un savant dans toute la portée du terme, car il ne savait bien que le latin et pas du tout de grec, Guillaume Lacoste sut établir son autorité sur ses collaborateurs, dont plusieurs, et, entr'autres MM. les abbés Doussot, Monville, Alazard, et parmi les professeurs laïques, MM. Vincent, Courtaud-Diverneresse, Ruelle, Pontus, Révol, Borredon et Baudus, ont été ses amis sincères et dévoués.

D'un abord brusque et froid, notre proviseur se déridait rarement; mais il avait un tact tout particulier dans ses relations administratives, joint à un vif sentiment de justice. Ajoutons que son érudition historique et les recherches sérieuses dont on le savait occupé le relevaient à tous les yeux.

C'est pendant les neuf années de son provisorat que Guillaume Lacoste mit en ordre ses matériaux péniblement amassés depuis tant d'années et écrivit sur l'histoire du Quercy son immense ouvrage en six gros volumes in-folio.

Malheureusement ces travaux littéraires si sérieux, les grandes et pénibles recherches qu'ils supposent, sans parler des occupations officielles du provisorat d'un établissement important, firent fléchir ce tempérament de fer. — Cette sagace intelligence commençait à s'obscurcir, lorsque, en 1828, à l'âge de 72 ans, notre docte proviseur fut mis à la retraite.

Il se retira alors chez son frère à Sainte-Marguerite, commune de la Madeleine, canton de Cahors. Là, le repos absolu, l'isolement complet, la défense de travailler intellectuellement que lui intimaient les médecins et peut-être même les événements de la révolution de juillet 1830, qui amenèrent la chute du gouvernement royal, finirent par troubler profondément les facultés déjà ébranlées du bon vieillard. Vers la fin de sa vie, on le vit sans cesse obsédé par des terreurs imaginaires ; il croyait à chaque instant que des malveillants épiaient chacun de ses pas, pour pouvoir l'assassiner au moment donné. Plusieurs de ses anciens élèves allaient souvent le voir dans ce triste état ; leur présence seule et les assurances qu'ils lui donnaient de veiller sur lui et de venir à son secours en cas de besoin tranquillisaient momentanément son esprit dérangé.

Il ne survécut que trois ans à sa mise à la retraite, et s'éteignit à Sainte-Marguerite, le 15 mai 1831, entouré des secours et des consolations de la religion. Ne s'étant jamais marié, il laissa sa petite fortune à ses héritiers collatéraux, ainsi que ses manuscrits, qui plus tard furent achetés par ordre du Conseil général du Lot pour la somme de 800 francs, et qui depuis cette époque sont déposés, comme nous l'avons déjà dit, à la bibliothèque de la ville de Cahors.

Il ne nous reste plus qu'à donner une analyse rapide du grand monument historique que Guillaume Lacoste laissa à ses concitoyens.

Ce manuscrit, composé de six gros volumes in-folio, porte pour épigraphe le passage suivant de Justin :

« *Ingrati civis officium, si quis, externarum historia-*
» *rum curisus, de solá patriá taceat.* »

Le premier livre commence par une dissertation sur l'origine du nom du Quercy, dissertation qui n'est pas sans mérite, quoique fort au-dessous de nos connaissances actuelles en philologie.

Dans le 2e livre l'auteur raconte longuement l'histoire du Quercy sous la domination romaine et les évènements qui se rattachent à l'époque gallo-romaine. Cette partie de son travail est enrichie de plusieurs dessins à la plume dus sans aucun doute à quelque dessinateur ou architecte de Cahors. — Ces dessins représentent le plan présumé des thermes de l'antique Divona, plusieurs vues de l'aqueduc qui conduisait à Cahors les eaux de la fontaine Polémie, et même un projet complet de restauration des antiques théâtres des Cadourques, dont les ruines frappaient encore tous les yeux à l'époque où Lacoste écrivait son ouvrage et qui devaient disparaître complètement quelque temps plus tard, au milieu de l'indifférence générale de cette époque pour les arts et l'archéologie.

Dans le 3e livre l'auteur raconte avec tous ses détails l'histoire du Quercy sous les derniers empereurs romains, la chute de l'Empire d'Occident et l'établissement de la domination des Goths dans le midi de la France. — Il y ajoute le dessin d'une pièce de monnaie de cette époque.

Le livre 4e est consacré spécialement aux premiers

évêques de Cahors : on y lit une longue vie de Saint Didier, plus connu à Cahors sous le nom de Saint-Géry (1), et se termine a Aimatus, contemporain de Charlemagne.

Le livre 5e, qui commence le IIe volume, contient l'histoire du Quercy sous les faibles descendants de Charlemagne. — Ce livre se trouve copié deux fois dans le manuscrit ; nous ne savons pourquoi.

Le livre 6e donne l'histoire du pays sous les derniers Carlovingiens. — L'auteur y parle des comtes laïcs de Cahors, dont il est bien difficile de débrouiller la véritable généalogie et de définir avec précision l'autorité qu'ils avaient sur les différentes parties du Quercy.

Le livre 7e traite des évènements qui se rapportent aux premiers Capétiens, et se termine à la cession faite par le comte de Toulouse, Guillaume IV, de la seigneurie de Cahors aux évêques de cette ville en 1090. — On trouve à la fin de ce livre quelques mots sur les écoles qui existaient à cette époque dans les différentes villes du midi de la France, snr les ouvrages des troubadours et sur le calendrier du moyen âge.

Le tome III, commence par le 8e livre, qui donne l'histoire du Quercy pendant le XIIe siècle. Il parle du mouvement des premières croisades ; les fondation pieuses de cette époque y sont très bien décrites.

---

(1) Géry vient de Desiderius par une série de transformations, dont le mot *jour* venant de *dies*, nous donne la clé. De *dies* les latins firent *diurnus*, dont les Italiens ont fait à leur tour *Djiorno, giorno*, et les Français *jour. Desiderius, Dejderius, djérius, Géry.*

Le 9ᵉ livre s'occupe principalement de la croisade contre les Albigeois ; il met en scène Guillaume V de Cardaillac ; cet évêque de Cahors, que l'on pourrait appeler prélat batailleur, car non content d'avoir guerroyé contre les hérétiques pendant toute sa vie, laissa à ses successeurs la coutume de faire déposer sur l'autel épiscopal une armure complète de chevalier. Ce livre se termine par la proclamation de Simon de Montfort comme comte de Toulouse, que l'évêque Guillaume de Cardaillac reconnaît comme son suzerain.

Le 10ᵉ livre qui termine le IIIᵉ volume parle de l'état du pays sous le règne de Louis IX. L'auteur y rend compte longuement du mauvais effet produit sur les populations du Quercy par l'abandon de cette province, que ce roi céda aux Anglais pour éviter tout prétexte à la prolongation de la guerre. On sait que les Quercynois refusèrent pendant longtemps de croire à la canonisation de Sᵗ Louis. Ces braves gens ne pouvaient pas comprendre un monarque pacifique, eux qui avaient eu des évêques guerriers.

Le IVᵉ volume commence par le 11ᵉ livre, dont les premières pages sont consacrées au fameux procès des Templiers. — L'auteur y donne des détails curieux, qui se rapportent spécialement aux membres de cet ordre qui se trouvaient dans le Quercy au moment de la suppression.

Le 12ᵉ livre contient l'histoire de Jean XXII, ce pape cadurcien dont la mémoire vit encore parmi le peuple de cette ville. — Lacoste se plaît à énumérer longuement les bienfaits que ce pontife répandit sur sa ville natale et en général sur tout le Quercy. On y trouve les bulles de la création de l'Université de Cahors en 1331 et 1332.

Le 13e livre termine le IVe volume et raconte le commencement de la guerre de Cent ans, la cession de la ville de Cahors aux Anglais, en vertu du traité de Brétigny en 1360, et la délivrance de cette cité du joug des étrangers huit ans plus tard.

Le Ve volume contient le 14e, le 15e et le 16e livres.

Le premier commence en 1374, et nous déroule le triste tableau de la guerre des Compagnies anglaises dans le Quercy, — les efforts de l'ennemi pour surprendre Cahors, la persévérance des bourgeois qui, non seulement résistent avec courage dans leurs murs, mais font de fréquentes sorties pour attaquer et reprendre les châteaux et les villes occupés par les Anglais. Nous y voyons la belle défense de la ligne stratégique du Lot par l'héroïque Bertrand de Cardaillac, Seigneur de Saint-Cirq-Lapopie.

Le 15e livre commence en 1412, à l'apogée des malheurs de la France et du déchirement du royaume par les Armagnacs et les Bourguignons. — Mais arrive bientôt l'époque de Jeanne d'Arc, et vers le milieu du XVe siècle la France tout entière est délivrée de la présence des insulaires.

Le 16e livre nous montre le pays pacifié, le commerce renaissant, les villes repeuplées par les colons venus de l'Auvergne et du Limousin, et l'Université de Cahors florissante et comptant jusqu'à 4000 écoliers accouru non seulement de toutes les provinces du midi de la France, mais même des Royaumes voisins de Navarre et d'Aragon.

C'est là qu'apparaît la belle figure de votre illustre compatriote Jacques de Genouillac, dit Galiot, grand-maître de l'artillerie française, que l'on appelait familièrement *roi de la Haute-Guienne* et qui éleva ce beau château d'Assier dont les ruines attirent encore aujourd'hui les voyageurs amis de l'art.

Nous arrivons enfin au dernier volume de cet ouvrage gigantesque.

Dans le 17e livre le tableau s'assombrit de nouveau : les guerres de religion commencent, les esprits se divisent, le sang coule même dans Cahors ; les Huguenots sont massacrés dans la maison d'Auriole, rue du Château, où ils se réunissaient pour leur prêche, et, par esprit de représailles, leurs chefs enlèvent inopinément l'évêque de Cahors dans sa résidence de Mercuès.

Dans le 18e livre on lit l'histoire du siège et de la prise de Cahors par Henri, Roi de Navarre, le 30 mai 1580 et les jours suivants, malgré l'héroïque résistance des étudians de son université et de sa vaillante bourgeoisie. Enfin le pays est pacifié par Henri IV, mais la guerre de religion recommence sous Louis XIII, et Lacoste termine son avant-dernier livre par la soumission de Montauban à ce monarque.

Le 19e et dernier livre contient le tableau du Quercy sous le gouvernement fort de Louis XIV. L'auteur y trace le portrait d'Alain Solminhac, votre grand évêque ; il décrit en détail sa mort si édifiante, et il termine par le portrait analogue d'une autre personne, connue également par sa haute piété, je veux dire de Françoise de Boissy, Supérieure de l'Ordre des Mirepoises.

qui mourut à Cahors le 16 mars 1724 en odeur de sainteté. Lacoste consacre à cette mémoire vénérée la dernière page de son dernier volume.

Telle est l'analyse ou plutôt le sommaire de l'ouvrage de Guillaume Lacoste, un des plus remarquables sans contredit de tous les manuscrits qui se trouvent dans les bibliothèques de province en France.

Mais ce travail si précieux et si intéressant est fort pénible à lire à cause de l'écriture assez négligée d'ordinaire et surtout à cause d'un grand nombre de ratures et de notes écrites sur des feuilles volantes, dont il est souvent difficile de trouver la véritable place dans le texte.

Ce qui est particulièrement regrettable, c'est que le temps ait manqué à l'auteur pour mener à fin ce précieux travail. — L'époque contemporaine n'est pas même effleurée. Ici l'auteur aurait pu raconter l'histoire de son pays d'après ses propres souvenirs, et dire : *J'ai vu, j'ai de mes propres yeux vu.* — Mais n'est-il pas probable que Lacoste s'est arrêté avec réflexion au seuil de son siècle?

Disons aussi que le style de Lacoste est peu élégant en général, souvent même lourd et embrouillé. — On y trouve des locutions peu françaises, qui, au dire des personnes compétentes, ne sont que la traduction fidèle de tournures propres au patois quercytain.

Mais toutes ces imperfections disparaîtraient facilement sous la plume d'un éditeur habile et consciencieux ; l'histoire de Lacoste, remaniée avec la réserve

— 15 —

due à cet immense travail, deviendrait un des plus beaux monuments de la bibliographie quercynoise.

Emettons le vœu, en terminant cette notice, que le Conseil général, à la munificence patriotique duquel nous devons déjà l'acquisition du manuscrit et sa conservation dans la bibliothèque publique de Cahors, complète son œuvre en confiant aux hommes de lettres du Quercy, qui seraient fiers de cet honneur, le soin de préparer une édition de l'histoire du pays natal et d'inscrire à la dernière page les mots que la maladie et la mort ont empêché l'auteur d'y inscrire lui-même :

Exegi monumentum œre perennius.

Une souscription publique couvrirait rapidement, nous en sommes sûr, les frais d'impression de cet ouvrage, digne rival de l'histoire du Languedoc, qui a assuré l'immortalité à son auteur, le savant et laborieux bénédictin, *Dom Vaissette.*

J. MALINOWSKI,
professeur au Lycée de Cahors.

Cahors : Imprimerie de J. G. PLANTADE.

www.ingramcontent.com/pod-product-compliance
Lightning Source LLC
Chambersburg PA
CBHW060932050426
42453CB00010B/1979